L'ÉVEIL DU TROISIÈME ŒIL

Guide du débutant pour l'éveil du troisième œil

Taylor Turner

Copyright © 2024 by Rivercat Books LLC

All rights reserved.

No portion of this book may be reproduced in any form without written permission from the publisher or author, except as permitted by U.S. copyright law.

CONTENTS

Introduction	1
Chapitre 1 : Qu'est-ce que le troisième œil ?	5
Chapitre 2 : Histoire du troisième œil	9
Chapitre 3 : Les autres chakras	15
Chapitre 4 : Le sixième chakra	28
Conclusion	43

INTRODUCTION

Aujourd'hui, si vous avez trouvé le moyen de lire ce livre, vous traversez peut-être une phase où rien ne vous semble exactement "juste". Il peut s'agir d'un travail infructueux, d'une relation qui bat de l'aile, ou encore d'événements extérieurs. Différentes choses se produisent dans nos vies, mais lorsque nous ne parvenons pas à nous connecter à notre moi profond, nous avons l'impression d'être étrangers à nos propres expériences. Cela peut causer beaucoup de mécontentement et de malheur. Alors, que diriez-vous de partir en voyage avec moi ? La spiritualité va bien au-delà de l'idée d'un sage assis les jambes croisées et méditant dans les montagnes. Si c'est quelque chose qui vous tente, n'hésitez pas à le faire. Mais ce n'est pas tout. Pour établir un lien avec soi-même, il n'est pas nécessaire d'endurer des souffrances extrêmes ou de vivre des situations désastreuses. Cela demande simplement de la foi et de la discipline.

L'éveil spirituel est un appel à une plus grande conscience et à un plus grand état d'esprit. L'éveil spirituel entraîne une transformation personnelle et un changement de la vision du monde et du cadre conceptuel.

L'éveil spirituel est associé à une augmentation de la conscience et de la capacité à produire et à recevoir de l'énergie d'amour. Nous nous connectons et, en fin de compte, nous nous unissons à des parties plus élevées de nous-mêmes principalement grâce à notre ouverture d'esprit et à l'élargissement de notre conscience. C'est comme si notre conscience s'épanouissait dans une forme plus complète et plus belle. C'est comme si vous découvriez une nouvelle planète ou entendiez de la musique pour la première fois.

L'homme est souvent représenté comme une machine automatique préprogrammée dont l'opérateur s'assoupit. Lorsque l'opérateur se réveille et prend le contrôle du volant, on parle d'éveil. Lors de l'éveil spirituel, nous élargissons notre conscience au-delà de notre sphère d'activité physique apparente. Au fur et à mesure que nous nous ouvrons et vivons davantage à travers notre cœur, nous progressons dans la conscience du cœur. De cette manière, nous amenons progressivement à la conscience des aspects plus élevés de nous-mêmes, tels que notre intuition, notre âme et notre Moi supérieur (l'esprit). Alors que l'âme reflète notre personnalité, l'esprit nous permet d'établir un contact avec les royaumes spirituels, avec des choses qui sont plus grandes et qui dépassent la simple existence physique. Nous prenons de plus en plus conscience de ces aspects du moi et communiquons avec eux.

Simultanément, nous constatons un changement progressif à tous les autres niveaux, y compris physique, émotionnel, cérébral et énergétique/lumineux. Lorsque nous considérons les choses d'un point de vue énergétique, nous élevons notre vibration énergétique au fur et à mesure que nous progressons spirituellement. Tout vibre dans une certaine mesure. La matière, par exemple, vibre à un niveau très bas par rapport au son et à la lumière, tandis que les pensées et les sentiments d'amour vibrent à un niveau très élevé par rapport aux pensées et aux sentiments égoïstes. Lorsque nous élevons notre vibration énergétique, nous commençons à rayonner de la lumière et à élever la fréquence énergétique de tout ce qui nous entoure, y compris les personnes et la matière physique. Votre cœur, votre esprit et votre corps deviennent des porteurs célestes.

L'éveil est, à la base, la mort du sentiment illusoire que l'on a de soi. Il s'agit d'un mouvement intentionnel d'éloignement d'une fausse identité qui nous ramène à l'essence de ce que nous sommes. Cette fausse identité est ce à quoi vous faites référence lorsque vous prononcez le mot " je " avant l'Éveil. Lorsque les gens disent "je", ils se réfèrent généralement à eux-mêmes en tant qu'individu distinct avec un ensemble d'expériences distinctes. Cette personne définit ce qu'elle croit être, ce que j'appelle l'ego.

Nous croyons que nous sommes ce moi avant l'Éveil, qui se perçoit comme intrinsèquement distinct de tout le monde et de tout le reste. La vérité est que nous sommes tous des représentations indifférenciées et indivises de la Conscience unique. Une multiplicité infinie d'expériences simultanées surgit à l'intérieur de cette Conscience Une, et un élément commun de ces expériences est un sentiment d'identité, un sentiment de "je". Quelqu'un qui est "éveillé" a perdu son sens fondamental du "moi" (bien qu'il y ait généralement des résidus d'ego ou de "moi de l'ombre" qui flottent autour, et qui seront traités avec le temps).

Lorsque les gens entendent cela pour la première fois, ils supposent généralement que quelqu'un qui a perdu le sens du "moi" est mort, est devenu fou ou s'est transformé en une enveloppe de personne fade et superficielle. Ce n'est pas du tout le cas. Imaginez le scénario suivant : depuis que vous êtes bébé, vous avez toujours cru que vous étiez un renne. En conséquence, vous avez vécu toute votre vie en agissant comme un renne du mieux que vous pouviez.

Lorsque vous aviez faim, vous mangiez l'herbe de la pelouse ; au lieu de parler, vous vous ébrouiez et secouiez votre crinière imaginaire ; et si quelqu'un vous mettait en colère, vous vous efforciez de le charger avec les cornes qui sortaient ostensiblement des côtés de votre tête. À la trentaine, vous seriez un adulte qui ne se serait jamais connu que sous les traits d'un renne. S'il vous venait à l'esprit que vous n'étiez peut-être pas un renne après tout, l'idée serait terrifiante - imaginer ce que cela ferait de ne plus être un renne après tant d'années serait pratiquement impossible. Malgré vos craintes, il est évident qu'il est dans votre intérêt de renoncer à votre identité de renne et de vivre comme vous êtes vraiment. Si vous deviez finalement vous considérer comme un humain, vous ne sauriez peut-être pas comment agir au début, car vous n'avez jamais agi comme un humain auparavant, et tous vos traits de rennes seraient profondément ancrés dans votre comportement. Il vous faudra peut-être un certain temps pour réaliser pleinement votre humanité, et vous continuerez probablement à agir comme un renne dans l'intervalle, mais l'illusion a été brisée. Vous êtes bien conscient d'être un humain, et ce n'est qu'une question de temps avant que vous ne commenciez à agir comme tel. Ce processus peut être difficile, mais même si vous pensiez être heureux en tant que renne, vous devez certainement passer par cette transformation pour votre propre bien-être mental et émotionnel. Il s'agit évidemment d'un exemple extrême et farfelu, mais il illustre bien le propos.

Ainsi, au fur et à mesure que nous avançons, vous vous rendrez compte que l'éveil de votre être intérieur est la clé pour comprendre qui vous êtes vraiment et quel est votre but dans la vie. Il se peut que vous ayez été trompé en vivant votre vie en fonction de certaines spécificités. Il est temps de changer cela et de comprendre et d'accepter votre vrai moi.

CHAPITRE 1 : QU'EST-CE QUE LE TROISIÈME ŒIL ?

Le *chakra ajna*, d'un point de vue spirituel, est le troisième œil. Notre corps possède sept centres d'énergie où se rejoignent des points nerveux. L'*ajna chakra* est un lieu d'énergie situé entre nos sourcils. Ce point est lié à l'intuition, ou à la capacité de détecter des choses au-delà des cinq sens.

L'hypophyse et l'hypothalamus sont associés à l'*ajna chakra*. Lorsque notre cerveau perçoit différentes choses, il émet des ondes distinctes.

Lorsque nous nous sentons en paix, détendus ou profondément heureux, nous produisons des ondes alpha. Les vibrations des ondes alpha sont plus calmes et agissent comme un sonar. Le cerveau des dauphins est connu pour avoir un niveau élevé d'ondes alpha, ce qui les aide à naviguer en mer. Leur sonar fonctionne de la même manière que celui d'un sous-marin. Physiquement, la souplesse des glandes pituitaires et hypothalamiques permet aux ondes alpha de se propager.

Les ondes les plus puissantes sont les ondes gamma, que l'on peut ressentir dans un état de méditation profonde appelé *samadhi*.

Lorsque notre corps est en harmonie avec la nature, notre cerveau produit des ondes alpha. Lorsque nos comportements et nos pensées sont en phase avec la nature, nous avons l'impression de faire partie du cosmos. Par conséquent, lorsque l'activité des ondes alpha d'une personne est élevée, la nature lui révèle certaines choses. C'est ce que l'on appelle communément l'intuition. L'expérience de l'émission d'ondes gamma ne se produit que lorsque nous avons de fréquentes émissions d'ondes alpha dans notre corps subtil, l'expression intérieure de notre être. Le *chakra ajna* est activé par les émissions d'ondes gamma. Nous ressentons une sensation de légèreté dans la tête lorsque le troisième œil s'active.

Le *chakra ajna* est le sixième des sept centres d'énergie des chakras. La liberté de pensée et d'expression se manifeste lorsque ce chakra est en équilibre. Chaque chakra est lié à une couleur particulière, tout comme nous associons nos mois de naissance à certaines pierres. L'indigo est la teinte qui représente le mieux ce chakra. Les tons bleu royal ou bleu foncé sont liés à la divinité intérieure. Par conséquent, l'indigo permet également d'accéder au Divin. La couleur indigo est associée à la sagesse et à la connaissance intérieure. Elle apporte de la clarté aux cinq sens du corps. L'indigo est une couleur qui favorise la transition de l'énergie des chakras inférieurs vers des vibrations spirituelles plus élevées.

Ce chakra est étroitement lié à la sagesse suprême et à l'illumination spirituelle. Il permet d'accéder à une conscience supérieure et canalise l'énergie vers la sagesse universelle.

Le chakra du troisième œil est situé au centre de la tête, entre les sourcils. Le troisième œil permet de voir l'avenir, tandis que les deux yeux physiques observent le présent. Nos yeux physiques sont également les cartes de notre passé, car le passé et le présent sont intrinsèquement liés ; le premier ne peut exister sans la formation du second. Grâce à la vision intérieure, ce chakra établit une connexion avec le monde extérieur. Se concentrer sur le troisième œil nous incite à nous élever au-dessus des convoitises et des distractions du monde. *Ajna* signifie "perception", mais il peut aussi signifier "prendre conscience" et "contrôler".

Lorsque ce chakra est déséquilibré, vous êtes plus enclin à la rigidité, à la colère, au jugement et à la non-acceptation des personnes et des situations différentes. Un chakra du troisième œil bloqué vous fait également craindre de vous accomplir et d'atteindre vos objectifs, car vous devrez renoncer à votre identité et devenir quelqu'un d'autre dans le processus.

Lorsque votre *chakra ajna* est en harmonie, vous pouvez vous observer et vous comprendre avec précision. Vous aurez la capacité de prendre les meilleures décisions et de porter des jugements précis sur les personnes et les situations. Vous pouvez voir la "vérité" qui nous entoure simplement en utilisant le pouvoir de votre esprit et de votre intuition.

Cependant, l'excès d'une bonne chose peut devenir mauvais ! Si votre *chakra ajna* est trop actif, vous risquez de vivre dans un monde imaginaire. Vous pouvez vous déconnecter de la réalité et avoir du mal à vivre votre vie. Vous pouvez croire que la vie est injuste et que le monde est responsable de vos problèmes. Cela peut entraîner une désorientation, une dépression et des problèmes de concentration. Vous pouvez même avoir des hallucinations et mal interpréter les situations quotidiennes. Vous risquez de porter des jugements et d'avoir des pensées trop analytiques.

Lorsque votre *chakra ajna* est inactif, vous aurez du mal à penser par vous-même et vous vous en remettrez aux autorités pour prendre des décisions à votre place. Vous créerez un état d'esprit rigide et accorderez une confiance excessive à vos opinions, ce qui vous rendra facilement confus. Vous aurez probablement du mal à saisir le côté spirituel des choses et à voir le lien entre votre moi intérieur et votre moi extérieur. Cela conduit à un manque d'empathie pour ceux qui vous entourent, ce qui brouille votre vision et vous empêche d'envisager la vie que vous voulez vivre.

Alors, comment savez-vous que vous êtes dans le processus d'activation du troisième œil ? Vous avez un sentiment. Vous vous promenez dans les bois et vous avez le choix entre deux chemins. Votre instinct vous dit que vous êtes sur la bonne voie. Ou peut-être que votre téléphone sonne et que vous savez qui est l'appelant sans regarder. Vous rencontrez quelqu'un et votre intuition vous dit qu'il n'est pas digne de confiance. L'intuition est un outil puissant. Tous ces scénarios ont un rapport avec le troisième œil. Vous serez certainement confronté à des situations similaires au fur et à mesure que vous progresserez spirituellement. Plus votre troisième œil s'ouvre, plus vous devenez intuitif.

Il faut du temps pour ouvrir le troisième œil. Au début, il se peut que vous ressentiez une certaine pression entre les deux yeux, là où se trouve le troisième œil. Ne vous inquiétez pas, cela n'est pas permanent.

Vos rêves deviendront plus vifs et vous vous en souviendrez peut-être mieux pendant que votre troisième œil est en cours d'activation. Il se peut aussi que vous ayez de nombreuses expériences de déjà-vu. Vous commencerez probablement à vous sentir plus créatif, vous aurez envie de sortir dans la nature et vous commencerez à remarquer que votre sens de l'intuition s'affine de jour en jour.

Ce ne sont là que quelques-uns des phénomènes que vous pouvez ressentir après avoir activé votre *chakra Ajna*. Dans le prochain chapitre, nous explorerons l'histoire du troisième œil afin de mieux comprendre son rôle dans les courants de pensée religieux, spirituels et philosophiques.

CHAPITRE 2 : HISTOIRE DU TROISIÈME ŒIL

Henri Ellenberger (1970) a exploré les premières contributions occidentales au domaine de la psychiatrie dans son ouvrage gigantesque, *The Discovery of the Unconscious (La découverte de l'inconscient)*. Le titre souligne que, bien que l'inconscient soit toujours présent, nous ignorons la plupart du temps ses fonctions et sa présence.

Les psychanalystes Sigmund Freud et Carl Jung ont marqué le vingtième siècle. Leurs écrits sont fréquemment discutés et de nombreux sites web leur sont consacrés. Les notions de moi, de ça et de surmoi ont été introduites par Sigmund Freud, le fondateur de la psychanalyse. Il a développé ces concepts ainsi que la dichotomie conscient-inconscient. La méthode de Jung est nettement plus complexe, avec l'introduction de notions telles que l'inconscient collectif et les archétypes.

Dans son ouvrage du début du XIXe siècle, *Le monde comme volonté et comme représentation* (1819), Arthur Schopenhauer associe la volonté humaine à l'inconscient. En substance, Schopenhauer soutient que l'irrationalité de l'homme est principalement attribuable aux énergies sombres et profondément dissimulées de l'inconscient. Il s'agit d'impacts dont le commun des mortels n'est même pas conscient. Carl Gustav Carus (1846) a proposé la première notion d'inconscient dans son ouvrage *Psyché*. Dessoir (1890), dans ses réflexions sur la psyché humaine, a défendu l'idée de l'ego jumeau. Selon sa définition, il existe une conscience supérieure et une sous-conscience (vraisemblablement inconsciente). Plus intrigante encore est l'enquête de Théodore Flournoy (1899), qui s'est penché sur les origines inconscientes de communications qui étaient auparavant supposées provenir du monde spirituel. Theodor Lipps (1896) a proposé que les images du passé soient actives en soi sans que l'on soit conscient de leur présence et de leur activité. C'est lui qui a inventé l'analogie de l'inconscient comme des montagnes submergées et de la conscience comme leurs sommets exposés. En utilisant ce parallèle, il a soutenu que l'inconscient est une question psychologique.

René Descarte a souligné l'importance de la glande pinéale dans ses lettres, dans son tout premier ouvrage, le *Traité de l'homme* (1633), et dans son dernier livre, *Les passions de l'âme* (1649). La glande pinéale est, selon lui, le siège même de l'âme humaine en raison de sa position centrale dans le cerveau.

La glande pinéale est située au centre du cerveau, entre les deux hémisphères. La glande pinéale est principalement composée de pinéalocytes, qui produisent la mélatonine, et de cellules gliales, une sorte de cellules cérébrales qui soutiennent les neurones.

Dans *Les passions de l'âme*, Descartes divise l'homme en un corps et une âme, soulignant que l'âme est liée à l'ensemble du corps par l'intermédiaire d'une petite glande située au milieu de la substance du cerveau. Descartes accorde de l'importance à cette glande, car il estime qu'il s'agit de la seule partie du cerveau qui a évolué comme une unité unique et non comme la moitié d'une paire.

En fait, la glande pinéale fait partie de la civilisation humaine depuis l'Antiquité. Les nombreux écrits de Galien (vers 130 après J.-C. - vers 210 après J.-C.), médecin et philosophe grec qui a passé la majeure partie de son temps à Rome et dont le système a influencé la pensée médicale jusqu'au XVIIe siècle, comprennent la première caractérisation de la glande pinéale et des idées concernant ses activités.

Galien a décrit la glande pinéale dans le huitième volume de son traité anatomique sur l'efficacité des parties du corps. Il mentionne qu'elle tire son nom des noix que l'on trouve dans les pommes de pin en pierre. Il l'appelle glande en raison de son apparence et affirme qu'elle joue le même rôle que toutes les autres glandes du corps : Assister les vaisseaux sanguins.

Les deux points suivants doivent être gardés à l'esprit pour comprendre la suite de l'exposé de Galien. Tout d'abord, sa nomenclature diffère de la nôtre. Il considérait les ventricules latéraux du cerveau comme un seul ventricule pair, qu'il appelait le ventricule antérieur. En conséquence, il a appelé le troisième ventricule le ventricule intermédiaire et le quatrième ventricule le ventricule postérieur. Deuxièmement, il pensait que ces ventricules étaient remplis de "pneuma psychologique", un fluide délicat, volatile, aérien ou vaporeux qu'il appelait "le premier instrument de l'âme".

Galien s'est donné beaucoup de mal pour réfuter un point de vue qui semblait populaire à l'époque, mais dont il n'a pas nommé les auteurs ou les défenseurs. Selon eux, la glande pinéale régit le flux du pneuma psychique dans le canal entre les ventricules moyen et postérieur du cerveau, tout comme le pylore régule le passage des aliments de l'œsophage à l'estomac. Galien a critiqué cette hypothèse parce que la glande pinéale est reliée à l'extérieur du cerveau et ne peut pas se déplacer seule. Il a déclaré que "l'appendice vermiforme" [épiphyse ou apophyse] du cervelet (aujourd'hui connu sous le nom de vermis superior cerebelli) est beaucoup plus apte à jouer ce rôle.

Les opinions de Galien ont souvent été élargies ou modifiées, bien qu'il ait été l'autorité médicale incontestée jusqu'au XVIIe siècle. L'ajout d'une théorie de la localisation ventriculaire des capacités psychologiques à l'explication du cerveau de Galien est un exemple précoce de ce phénomène. Posidonius de Byzance (fin du quatrième siècle de notre ère) a fourni la première hypothèse de ce type, affirmant que l'imagination est attribuable à la partie antérieure du cerveau, la raison au ventricule moyen et la mémoire à la partie postérieure du cerveau. Quelques décennies plus tard, Nemesius d'Emesa a été plus explicite, affirmant que le ventricule antérieur est l'organe de l'imagination, le ventricule moyen celui de la raison et le ventricule postérieur celui de la mémoire. Jusqu'au milieu du

XVIe siècle, cette dernière notion était pratiquement universellement acceptée, mais il existait de nombreuses variantes.

Selon Descartes, le corps n'est rien d'autre qu'une statue ou une machine que Dieu a créée. Le fonctionnement de ces corps peut être entièrement expliqué en termes mécaniques. Descartes a tenté de démontrer qu'une telle explication structurelle peut expliquer bien plus que ce à quoi on pourrait s'attendre, car elle peut expliquer l'absorption des aliments, le fonctionnement du cœur et des artères, l'alimentation et la croissance des membres, la respiration, la veille et le sommeil, et la réception de la lumière, des sons, des odeurs, des goûts, de la chaleur et d'autres qualités de ce type par les organes sensoriels externes. Il ne considérait donc pas notre corps comme autre chose que le véhicule de différentes activités.

Juste avant de mentionner pour la première fois la glande pinéale, Descartes insiste sur le fait que l'âme est unie à tout le corps : "Il faut reconnaître que l'âme est véritablement jointe à tout le corps, et qu'on ne peut pas bien dire qu'elle existe dans une partie du corps à l'exclusion des autres", disait-il. Parce que les organes sont si étroitement liés les uns aux autres que l'ablation de l'un d'entre eux rend l'ensemble du corps défectueux, le corps est une unité qui est, d'une certaine manière, indivisible. Et l'âme est d'une telle nature qu'elle n'a aucune relation avec l'extension, les dimensions ou d'autres attributs de la matière qui constitue le corps : elle est uniquement liée à l'ensemble des organes. C'est ce qui ressort de notre incapacité à comprendre la moitié ou le tiers d'une âme, ou l'espace qu'elle occupe. L'âme ne rétrécit pas lorsqu'on lui enlève une partie du corps, mais elle devient pleinement distincte du corps lorsque les organes de ce dernier sont démantelés. Bien que l'âme soit reliée à l'ensemble du corps, il existe une partie du corps où elle exerce ses activités de manière plus spécifique que le reste. Le cœur ou le cerveau entier ne sont pas les parties du corps où l'âme accomplit directement ses tâches. Il s'agit de la région la plus interne du cerveau, qui est une minuscule glande suspendue au-dessus de la voie par laquelle les esprits des cavités antérieures du cerveau se connectent à ceux des cavités postérieures du cerveau. Les moindres mouvements de cette glande peuvent avoir un impact significatif sur le parcours de ces esprits, et tout changement dans le parcours des esprits, aussi minime soit-il, peut avoir un impact significatif sur les mouvements de la glande.

Il poursuit en disant qu'il croit que nos opinions sur la gravité sont formées à partir de notre compréhension de l'âme. Le récit de Descartes inclut la glande pinéale, qui est impliquée dans les sensations, l'imagination, la mémoire et la causalité des mouvements corporels.

Jusqu'à la deuxième partie du XIXe siècle, la recherche scientifique sur la glande pinéale n'a guère progressé. À cette époque, plusieurs chercheurs ont proposé que la glande pinéale soit une relique phylogénétique, un vestige d'un troisième œil dorsal. Cette thèse, dans une version modifiée, est encore largement acceptée aujourd'hui. Les scientifiques sont également arrivés à la conclusion que la glande pinéale est un organe endocrinien. Au XXe siècle, cette hypothèse a été prouvée sans l'ombre d'un doute. La mélatonine, une hormone libérée par la glande pinéale, a été découverte en 1958. La mélatonine est sécrétée selon un rythme diurne, ce qui est intrigant étant donné que la glande pinéale est considérée comme un vestige du troisième œil. Dans les années 1990, la mélatonine a été présentée comme un "médicament miracle" et est devenue l'un des compléments alimentaires les plus populaires. Les philosophes des sciences ont beaucoup réfléchi à l'histoire de la recherche sur la glande pinéale au XXe siècle, bien que cette exploration ait été de courte durée.

La glande pinéale a conservé son statut élevé dans le domaine de la pseudo-science alors que la philosophie l'a rétrogradée au rang de simple partie du cerveau et que la science l'a analysée comme une glande endocrine parmi d'autres. Madame Blavatsky, la créatrice de la théosophie, a établi un lien entre le "troisième œil" découvert par les anatomistes comparatifs de son époque et "l'œil de Shiva" des "mystiques hindous", concluant que le corps pinéal de l'homme moderne est un résidu atrophié de cet "organe de la vision spirituelle". Cette notion est encore largement acceptée aujourd'hui dans les cercles spirituels.

La réputation du troisième œil va bien au-delà de ses caractéristiques matérielles et ses significations spirituelles deviennent transcendantes. La télépathie, la divination, le rêve lucide et la projection astrale sont tous possibles avec un troisième œil développé.

Le troisième œil étant le fondement de toutes les capacités psychiques, aucun enseignement spirituel n'est complet sans doctrines à son sujet. Aucune connexion spirituelle n'est concevable sans une solide maîtrise de ce chakra, sans lequel nous sommes condamnés à une existence prosaïque dans la troisième dimension. Certains exercices de la pinéale ont été conçus dans l'Égypte ancienne, à l'époque où le développement psychique était à son apogée.

Je sais que c'était un peu lourd, mais le contexte vous aide à comprendre que vous n'êtes pas seul dans votre quête de la divinité. D'autres sont venus avant vous, ont fait des recherches, ont débattu et ont préparé le terrain pour que vous puissiez faire vos premiers pas dans l'actualisation de votre être véritable. Passons maintenant aux autres chakras de notre corps et à ce que nous pouvons faire pour les maintenir en équilibre.

CHAPITRE 3 : LES AUTRES CHAKRAS

Si vous débutez, apprendre à ouvrir votre troisième œil ne se fait pas en un après-midi : cela demande beaucoup de temps et d'efforts, notamment pour poser des fondations solides. Il est essentiel de créer la base énergétique des cinq premiers chakras, en commençant par la racine, avant d'ouvrir le troisième œil. Essayer d'éveiller le troisième œil avant de travailler avec les cinq chakras inférieurs revient à apprendre à sauter avant d'être capable de se tenir sur ses deux pieds. En fait, l'activation prématurée du troisième œil peut provoquer une crise spirituelle, souvent interprétée à tort comme une psychose.

En d'autres termes, si l'ouverture du troisième œil est votre objectif ultime, il est temps de commencer à dégager et à équilibrer les autres chakras. Une fois que vous avez fait cela, vous pouvez commencer à travailler sur l'ouverture du sixième chakra. Mais gardez à l'esprit que cela prend du temps, alors soyez patient avec vous-même au fur et à mesure que vous avancez.

Quels sont donc les autres *chakras* sur lesquels vous devez vous concentrer ?

Le chakra racine

La base de la colonne vertébrale, le plancher pelvien et les trois premières vertèbres sont tous reliés au *chakra racine*. Considérez votre *chakra racine* (également appelé *Muladhara* en sanskrit) comme les fondations de votre maison (dans ce cas, la maison est votre corps). Il est solide, stable et porteur lorsqu'il est en équilibre. Il est donc responsable de votre sentiment de sécurité et de survie. Il est également lié à tout ce que vous utilisez pour vous ancrer, comme les besoins essentiels tels que la nourriture, l'eau, l'abri et la sécurité, ainsi que les besoins émotionnels plus profonds tels que le sentiment de sécurité. Comme vous le savez peut-être, lorsque ces besoins sont satisfaits, vous êtes moins susceptible d'être anxieux ou inquiet.

Les blocages peuvent provoquer un certain nombre de maladies, notamment des problèmes d'anxiété, de stress et des cauchemars, selon les croyants. Sur le plan physique, le premier *chakra* est lié aux troubles du côlon, de la vessie et de l'élimination, ainsi qu'aux troubles du bas du dos, des jambes et des pieds.

Le *chakra racine*, comme tout autre *chakra*, peut être sous-actif ou hyperactif. S'il est sous-actif, il peut être fermé ou bloqué d'une manière ou d'une autre, ou il peut ne pas tourner efficacement. En conséquence, nous pouvons nous sentir inquiets, mal à l'aise et en danger, ou en d'autres termes, sans fondement. Lorsque les énergies sont trop actives, c'est comme si elles faisaient des heures supplémentaires et devenaient liées de manière malsaine au monde physique et matériel. Un chakra racine hyperactif se manifeste par un excès de plaisirs corporels tels que la nourriture ou le sexe, un rapport excessif à l'argent et une obsession du sentiment de sécurité.

Exercice pour équilibrer le chakra racine : la pose de la montagne (*Tadasana*)

La pose de la montagne, pierre angulaire de toutes les poses debout, est une excellente pose de repos ou d'aide à l'amélioration de la posture.

Étape 1 : Tenez-vous debout, les gros orteils se touchant et les talons légèrement écartés (de manière à ce que les deuxièmes orteils soient parallèles). Soulevez et étirez vos orteils et la plante de vos pieds avant de les poser délicatement sur le sol. Balancez-vous d'un côté à l'autre et d'avant en arrière. Arrêtez progressivement de vous balancer en équilibrant votre poids sur les deux pieds.

Étape 2 : Serrez les muscles de vos cuisses et soulevez vos genoux sans serrer le bas du ventre. Soulevez vos chevilles pour renforcer vos voûtes plantaires, puis visualisez une ligne d'énergie allant de l'intérieur des cuisses à l'aine, en passant par le torse, le cou et la tête, jusqu'au sommet du crâne. Ensuite, en tournant légèrement le haut des cuisses vers l'intérieur, soulevez le pubis vers le nombril et allongez le coccyx vers le sol.

Étape 3 : Poussez vos omoplates dans votre dos, puis élargissez-les et relâchez-les le long de votre colonne vertébrale. Soulevez le haut de votre sternum vers le plafond sans forcer vos côtes inférieures avant vers l'avant. Augmentez la largeur de vos clavicules. Placez vos bras le long de votre torse.

Étape 4 : Avec le bas du menton parallèle au sol, la gorge souple et la langue large et plate sur le fond de la bouche, placez le sommet de votre tête directement au-dessus du centre de votre bassin. Détendez votre regard.

Étape 5 : Tadasana est le point de départ le plus courant pour toutes les positions debout. Cependant, il est bénéfique de pratiquer Tadasana en tant que posture indépendante. Maintenez la position pendant 30 secondes à 1 minute, en respirant normalement.

Le chakra sacré

Ce *chakra* est situé au-dessus de l'os pubien et juste en dessous du nombril. *Svadhisthana*, ou deuxième *chakra*, est le centre d'énergie créative et sexuelle du corps. Il contient nos émotions, nos passions et nos plaisirs, c'est-à-dire les choses qui nous rassasient sur le plan émotionnel et nous procurent du plaisir. Vous vous sentirez probablement bien lorsque votre *chakra sacré* est aligné. Cela signifie que vous vous sentez extraverti, enthousiaste et couronné de succès, et que vous dégagez des sentiments de bien-être, d'abondance, de plaisir et de joie.

Votre *chakra sacré* peut être mal aligné si vous vous sentez en manque d'inspiration artistique ou si vous souffrez d'instabilité émotionnelle. De même, cela peut être lié à un dysfonctionnement sexuel physique, ainsi qu'à la peur du changement, au désespoir ou à des comportements de type addictif. Si votre *chakra sacré* est sous-actif, vous pouvez avoir une faible libido, un manque de joie de vivre ou des problèmes d'hormones et de fertilité. En cas d'hyperactivité, vous êtes plus susceptible de développer des dépendances, sexuelles ou autres, et de connaître des hauts et des bas sur le plan émotionnel.

Exercice pour équilibrer votre chakra sacré : Goddess Pose

La posture de la déesse nous encourage à nous connecter à notre divin féminin intérieur, en harmonisant notre force et notre détermination avec une profonde sagesse intérieure.

Précaution : Si vous avez des blessures aux hanches, aux jambes, aux chevilles ou aux pieds, cette position peut ne pas vous convenir.

Étape 1 : Faites un grand pas ouvert avec votre pied droit vers l'arrière de votre tapis, en commençant par Tadasana (une position debout confortable avec vos pieds à la largeur des hanches et parallèles au sommet de votre tapis). Faites un angle de 45 degrés avec vos orteils. Les pratiquants avancés peuvent commencer à aligner leurs talons avec leurs orteils (et le bord long du tapis).

Étape 2 : Pliez les genoux de manière à ce qu'ils tombent directement sur les chevilles, en les rapprochant des deuxième et troisième orteils de chaque pied.

Tout en mobilisant le tronc, abaissez le coccyx et descendez les hanches. Rapprochez le nombril de la colonne vertébrale en soulevant le plancher pelvien.

Étape 3 : Écartez les doigts et tendez les bras vers l'avant, en laissant votre petit doigt tourner vers l'intérieur. Vos omoplates peuvent glisser le long de votre dos lorsque vos mains se font face.

Étape 4 : Allonger la colonne vertébrale en soulevant le centre du cœur et en ramenant les côtes flottantes vers l'intérieur.

Étape 5 : Respirez profondément pendant cinq minutes, en allongeant légèrement l'expiration par rapport à l'inspiration.

Pour varier, placez vos mains sur vos cuisses et faites des torsions. Inspirez profondément dans votre ventre. Expirez et amenez votre épaule droite au centre de votre corps, vos yeux passant par-dessus votre épaule gauche. Inspirez par le nombril et expirez par le centre. Puis expirez et regardez par-dessus votre épaule droite, en laissant tomber votre épaule gauche au centre.

Le chakra du plexus solaire

Ce *chakra* est censé contrôler tout ce qui a trait au métabolisme, à la digestion et à l'estomac, depuis le nombril jusqu'à la cage thoracique environ. Le troisième *chakra*, dont le nom sanskrit *Manipura* signifie "pierre précieuse lustrée", est considéré comme la source du pouvoir personnel. La volonté individuelle, le pouvoir personnel et la dévotion sont contrôlés par ce chakra.

En cas d'obstruction, vous pouvez avoir une faible estime de vous-même, des difficultés à prendre des décisions et des problèmes de colère ou de contrôle. Il ne s'agit pas seulement de se sentir mal dans sa peau ; cela peut aussi conduire à des manifestations extérieures d'apathie, de procrastination ou au sentiment d'être facilement exploité. Vous pouvez également ressentir des douleurs intestinales, telles que des problèmes digestifs ou des gaz.

Si le chakra du plexus solaire est obstrué, nous aurons du mal à douter de nous-mêmes et à nous montrer sous notre vrai jour. D'autre part, les indicateurs d'un plexus solaire hyperactif comprennent un ego débordant, qui se manifeste par une conduite égoïste et avide de pouvoir, ainsi qu'un comportement maniaque et une énergie hyperactive.

Exercice pour équilibrer le chakra du plexus solaire : la pose du bateau (*Navasana*)

La pose du bateau vous oblige à coordonner l'activité de vos membres et de votre torse tout en renforçant votre colonne vertébrale. Elle vous renseignera sur votre respiration, votre capacité d'attention, vos émotions et peut-être même votre propre personnalité. Même une posture aussi simple que Navasana peut finir par pénétrer dans votre Moi - votre noyau le plus profond - au-delà des muscles, des nerfs, des articulations et des organes. L'estomac se rapproche de la colonne vertébrale, la colonne vertébrale s'avance pour soutenir l'avant du tronc, les omoplates descendent et se rapprochent de la poitrine tandis que celle-ci s'élargit et que les bras et les jambes restent fermes. Grâce à l'intégration de toutes les parties de votre corps, la posture du bateau complet vous donnera une sensation de force et de souplesse, ainsi qu'une stabilité psychologique et émotionnelle.

Étape 1 : Commencez par plier les genoux et placez vos pieds à plat sur le sol en position assise. Soulevez vos pieds du sol. Au début, gardez les genoux pliés. Assurez-vous que vos tibias sont parallèles au sol. C'est la position du demi-bateau. Bien que votre torse tombe naturellement en arrière, ne laissez pas votre colonne vertébrale s'arrondir.

Étape 2 : Si vous pouvez le faire sans mettre en péril l'intégrité du haut de votre corps, redressez vos jambes à un angle de 45 degrés. Maintenez une forme de V avec vos jambes en gardant votre torse aussi droit que possible.

Étape 3 : Les paumes des mains tournées vers le haut, roulez les épaules vers l'arrière et tendez les bras presque parallèlement au sol. Pour garder l'équilibre, concentrez-vous sur l'élévation de votre poitrine.

Étape 4 : Respirez profondément au moins cinq fois.

Étape 5 : Expirez et relâchez vos jambes. Prenez ensuite une grande inspiration et redressez-vous.

Le chakra du cœur

Le cœur, le thymus (qui joue un rôle essentiel dans les systèmes endocrinien et lymphatique), les poumons et les seins sont tous encapsulés dans le chakra du cœur, situé au centre de la poitrine. Le quatrième chakra (ou Anahata) représente la rencontre des mondes physique et spirituel en tant que chakra central. Et, comme son nom l'indique, il s'agit de l'amour. C'est un chakra spirituel qui régit le pardon, le service et la conscience spirituelle. On dit que l'amour et la compassion circulent facilement lorsque le chakra du cœur est connecté et équilibré, à la fois en termes d'envoi et de réception.

Le chakra du cœur fermé peut être à l'origine du chagrin, de la rage, de l'envie, de la peur du rejet et de l'animosité envers soi-même et les autres. Lorsque ce chakra est sous-actif, nous pouvons nous fermer émotionnellement et trouver difficile de pardonner et d'oublier les blessures du passé. En conséquence, il peut devenir difficile d'offrir et de recevoir de l'amour, ce qui a un impact négatif sur nos relations.

Nous pouvons devenir excessivement affectueux si ce chakra est trop actif. En apparence, cela ne semble pas être un problème, mais il s'agit souvent d'une couverture pour la codépendance.

Exercice pour équilibrer le chakra du cœur : Chien ascendant

Urdhva Mukha Svanasana (chien tourné vers le haut) est une flexion arrière énergisante qui renforce les bras et les jambes tout en ouvrant la poitrine et les épaules. C'est la base des salutations au soleil et elle est fréquemment utilisée dans les séances de yoga entre les autres postures. Lors de la pratique du Chien levé, il est essentiel de lier la respiration au mouvement, car la respiration anime et illumine la posture tout en ouvrant le cœur.

Étape 1 : Commencez par vous allonger sur le sol, face contre terre, les jambes écartées de quelques centimètres derrière vous. Le dessus de vos pieds doit reposer sur le tapis ; n'enfoncez pas vos orteils dans le tapis, car cela entraînerait une contraction de la colonne vertébrale.

Étape 2 : Placez vos mains sur le sol à côté de vos côtes inférieures, le long de votre corps. Serrez vos coudes contre votre cage thoracique et pointez le bout de vos doigts vers le haut du tapis.

Étape 3 : Inspirez en appuyant fermement vos mains sur le sol. Tendez les bras et soulevez le torse et les jambes du sol de quelques centimètres. *Chaturanga* est une autre façon de se mettre en position (planche basse). Tirez votre corps vers l'avant à partir de *Chaturanga* en serrant les paumes et en roulant sur les orteils. Tendez les bras et alignez vos épaules directement sur vos poignets.

Étape 4 : Appuyez fermement sur le dessus de vos pieds. Maintenez vos cuisses surélevées par rapport au sol en engageant fermement les muscles de vos jambes. Maintenez une relation parallèle entre vos coudes et votre corps. Levez votre poitrine vers le ciel et laissez vos épaules s'éloigner de vos oreilles.

Étape 5 : Ramenez vos épaules vers l'arrière et votre cœur vers l'avant, mais ne contractez pas votre cou. Inclinez votre tête vers le ciel si votre cou est souple. Sinon, maintenez une position neutre de la tête et un regard franc. Vos cuisses doivent être fortes et inclinées vers l'intérieur. Vos bras doivent également être solides et légèrement tournés vers l'avant, les plis de chaque coude étant orientés vers l'avant.

Étape 6 : Tendez les bras jusqu'à ce que votre corps le permette. Au fur et à mesure que vous progressez dans votre pratique, approfondissez l'étirement tout en évitant de forcer pour atteindre une flexion arrière plus profonde.

Étape 7 : Activez vos omoplates en les pressant dans le haut du dos. Maintenez une prise ferme sur les côtés à l'aide de vos coudes. Soulevez votre cœur et élargissez vos clavicules. Glissez vos épaules vers l'arrière et éloignez-les de vos oreilles. La longueur de la flexion arrière doit être uniformément répartie sur l'ensemble de la colonne vertébrale.

Étape 8 : Maintenez la position pendant 30 secondes. Expirez en abaissant le torse et le front sur le tapis pour relâcher.

Le chakra de la gorge

La thyroïde, les parathyroïdes, la mâchoire, le cou, la bouche, la langue et le larynx sont tous reliés anatomiquement au *chakra de la gorge*. Votre cinquième *chakra*, qui a pour fonction de dire votre vérité intérieure - ou, plus précisément, de veiller à ce que votre vérité intérieure soit communiquée de manière appropriée - est probablement bien équilibré si vous n'avez aucune difficulté à vous exprimer. Le chakra de la gorge, également appelé *Vishuddha* en sanskrit, est responsable de la communication. C'est le premier des trois chakras qui sont entièrement spirituels (par opposition aux chakras inférieurs, qui se manifestent de manière plus physique). Lorsque ce chakra est équilibré, vous pouvez écouter, parler et vous exprimer clairement.

Lorsque le *chakra de la gorge* est sous-actif, il peut être difficile de s'exprimer correctement. Il se peut que vous avaliez physiquement vos mots, et avec eux, vos sentiments réels. En plus d'avoir du mal à dire votre vérité, vous pouvez avoir du mal à être attentif et à rester concentré, ou vous pouvez avoir peur d'être jugé par les autres, ce qui peut rendre encore plus difficile le fait d'être soi-même. Un mal de gorge, des problèmes de thyroïde, une gêne au niveau du cou et des épaules ou des céphalées de tension sont autant de symptômes d'un blocage.

Parler trop, être extrêmement dominant dans les conversations, critiquer ou juger les autres de manière excessive sont autant de signes d'un chakra de la gorge surmené.

Exercice pour équilibrer le chakra de la gorge : Fish Pose

La posture du poisson (*Matsyasana*), qui consiste à se pencher sur le dos, permet d'élargir la poitrine, le cou et l'abdomen. Elle est souvent utilisée en contrepoint de la position des épaules (*Sarvangasana*), car elle soulage la pression sur le cou et la colonne vertébrale, mais c'est aussi un étirement profond qui présente de nombreux avantages.

Étape 1 : Commencez par vous allonger sur le dos, les jambes tendues et les bras le long du corps, paumes vers le bas.

Étape 2 : Pour cambrer le haut du dos, appuyez vos avant-bras et vos coudes sur le sol et soulevez votre poitrine. Soulevez le haut de votre poitrine et vos omoplates du sol. Penchez la tête vers l'arrière et touchez le sol avec le sommet de votre tête.

Étape 3 : Continuez à exercer une pression avec vos mains et vos avant-bras. Vous ne devez pratiquement pas exercer de pression sur votre tête. Poussez vos talons vers l'extérieur.

Étape 4 : Prenez cinq respirations profondes et maintenez-les. Pour sortir de la posture, soulevez votre tête du sol en appuyant fortement sur vos avant-bras. Puis, en laissant tomber le torse et la tête au sol, expirez. Ramenez vos genoux vers votre poitrine pendant quelques respirations dans la posture des genoux à la poitrine (*Apanasana*), puis étirez vos jambes et reposez-vous.

Le chakra de la couronne

Enfin, avant de passer au *chakra du troisième œil*, nous avons le *chakra de la couronne*. Le *chakra de la couronne*, également connu sous le nom de *Sahasrara* ou *chakra du* "lotus aux mille pétales" en sanskrit, est le centre de l'illumination et notre lien spirituel avec notre moi le plus grand, le moi le plus grand des autres et, en fin de compte, le divin. Lorsque ce chakra est en équilibre, votre éveil spirituel est considéré comme une conscience pure, indivise et globale. En fait, vous êtes plus grand que votre être physique et vous faites partie d'un monde plus vaste. Si notre *chakra couronne* est sous-actif, nous pouvons nous sentir indifférents, presque énergétiquement engourdis et déconnectés, ce qui se traduit par un manque de direction et de but dans la vie.

Contrairement aux autres *chakras*, le *chakra couronne* ne s'ouvre pleinement qu'à l'occasion d'exercices de yoga ou de méditation spécialisés, ou à des moments précis ; il ne s'agit pas d'une compétence à laquelle vous pouvez faire appel à tout moment. Ce n'est pas un ensemble de compétences auquel vous pouvez faire appel à tout moment. Vous pouvez peut-être en acquérir un aperçu en vous engageant dans des activités quotidiennes telles que la méditation, la prière et les périodes d'immobilité. Un *chakra couronne* sous-actif peut entraîner de la confusion, un désir de dormir trop longtemps et une apathie générale face à la vie.

Un désir de possession matérielle qui ne semble jamais rassasié est un symptôme courant d'une hyperactivité du *chakra de la couronne*. L'avidité, la superficialité et l'arrogance conduisent souvent à une perte de connexion avec les autres et le cosmos.

Exercice pour équilibrer le chakra de la couronne : poirier

Le roi de tous les *asanas*, *Sirsasana* ou Headstand Pose, est une posture qui requiert un équilibre sur la tête/couronne. Il s'agit d'une posture de yoga difficile qui ne devrait être réalisée qu'avec l'aide d'un professeur de yoga. Cet asana est très populaire en raison de ses nombreux bienfaits pour la santé. Elle améliore la circulation sanguine et garantit qu'une quantité suffisante de sang bien oxygéné atteint le cerveau.

Étape 1 : Agenouillez-vous sur le sol pour commencer. Si vous voulez être plus à l'aise, utilisez un tapis de yoga. Rapprochez vos genoux et vos chevilles, et dirigez vos pieds dans la même direction que vos jambes. Les gros orteils se touchent et le dessous des pieds doit être orienté vers le haut.

Étape 2 : Asseyez-vous sur vos jambes et expirez. Vos cuisses reposent sur vos mollets et vos fesses sur vos talons. Placez vos mains sur vos cuisses et bougez votre bassin d'avant en arrière jusqu'à ce qu'un sentiment de satisfaction vous envahisse. Vous êtes maintenant en *vajrasana*.

Étape 3 : Se pencher en avant, les doigts entrecroisés et les avant-bras repliés sur le sol. La tête, les mains et les pieds doivent former un triangle sur le sol.

Étape 4 : Placez le sommet de la tête entre les doigts croisés. Redressez les genoux et les fessiers en les soulevant du sol. Approchez lentement le tronc avec vos pieds.

Étape 5 : Pliez les genoux, en gardant les talons près des fesses, et redressez lentement les hanches jusqu'à ce que les cuisses soient perpendiculaires au sol. Redressez lentement les genoux et les mollets jusqu'à ce que tout le corps soit droit et les pieds détendus.

Étape 6 : Maintenez l'équilibre de votre corps pendant quelques secondes ou aussi longtemps que vous vous sentez à l'aise. Les pratiquants de yoga avancés devraient commencer par une minute et augmenter progressivement jusqu'à au moins cinq minutes. Concentrez-vous sur votre respiration et sur le sommet de votre tête.

Étape 7 : Revenez sur vos pas dans l'autre sens lorsque vous souhaitez revenir de la posture. Pliez les jambes et ramenez lentement les cuisses à la verticale.

Étape 8 : Laissez tomber vos jambes au sol progressivement. Asseyez-vous en *Shishuasana* (position de l'enfant) pendant un moment pour retrouver votre équilibre après avoir été renversé.

Étape 9 : Détendez-vous et expirez.

CHAPITRE 4 : LE SIXIÈME CHAKRA

Le troisième œil est un *chakra*, ou point d'énergie. Il est lié aux glandes pinéale et pituitaire du cerveau et se trouve sur le front, entre les sourcils, bien qu'il ne s'agisse pas d'une construction physique. Le système des chakras fonctionne de la même manière que le système d'organes du corps subtil (ou énergétique), chaque *chakra* ayant un rôle ou un objectif distinct. Le troisième œil nous permet d'accéder à la clarté intérieure, à l'intuition et à la prévoyance. Il nous permet de voir au-delà de ce qui est physiquement accessible dans le temps présent.

La confusion, le doute, le cynisme, l'envie et le pessimisme sont tous considérés comme des symptômes d'un troisième œil bloqué, ou *chakra ajna*. La plus haute source d'énergie éthérée peut pénétrer par un troisième œil ouvert et vivant. Le troisième œil voit le monde authentique - un tout unifié avec un lien indéfectible avec l'esprit - alors que les yeux physiques voient la réalité apparente limitée. La clarté, la concentration, la perspicacité, la béatitude, l'intuition, l'esprit de décision et la perspicacité ne sont que quelques-uns des avantages et des capacités que procure le troisième œil. Le rêve lucide, la projection astrale, la qualité du sommeil, la créativité accrue et la visualisation de l'aura sont tous liés au troisième œil. Bien que les premiers adeptes du troisième œil aient été des moines et des êtres éclairés, ces activités sont utiles à ceux d'entre nous qui mènent une vie moderne trépidante, se rendant à toute vitesse au travail et à leurs rendez-vous, tout en souhaitant un peu plus de calme et de présence.

Certains d'entre nous ont même fait l'expérience de l'éveil du troisième œil dans leur vie quotidienne ! Lorsqu'une personne est intensément concentrée sur son travail, elle peut faire l'expérience de l'activation du troisième œil. Lorsqu'un athlète est très concentré sur son entraînement, pensant continuellement au jeu et à la façon dont il pourrait mieux le jouer, il acquiert un sentiment intuitif de l'endroit où une balle en l'air va atterrir. Un athlète de haut niveau n'a pas besoin d'un analyste pour savoir ce qui va se passer, il le sait intuitivement. Même une personne entièrement concentrée sur sa profession peut prédire la réaction d'un client à une offre ou à un événement particulier. L'augmentation des émissions d'ondes alpha les aide à prédire ce qui pourrait se produire dans un avenir proche en relation avec le domaine sur lequel ils sont intensément concentrés.

Cependant, si vous n'avez jamais senti un pincement d'énergie entre vos sourcils, vu des auras ou reçu un message intuitif, ne vous inquiétez pas. Vous n'avez pas besoin d'être né avec des capacités spéciales pour utiliser votre troisième vue. Ses superpouvoirs sont accessibles à tous ceux qui sont prêts à faire des efforts. Tout comme le développement des muscles physiques nécessite un programme d'entraînement ciblé, le développement du troisième œil nécessite une approche systématique et une pratique constante. Bien qu'il soit certainement plus simple d'avoir des bras toniques que de devenir un véritable intuitif, nous pouvons tous tirer profit de l'exercice constant de ce canal énergétique.

Lorsqu'il fonctionne à plein régime, le troisième œil peut vous aider à voir clairement, à éliminer les blocages mentaux et à améliorer votre flexibilité mentale. En fait, dans de nombreuses cultures, le troisième œil est considéré comme le sens le plus important, et l'activer est considéré comme de la plus haute importance. Bien que le troisième œil ait l'avantage de nous connecter à notre instinct et de nous permettre d'agir avec une longueur d'avance sur nos cinq sens de base, il est généralement fermé. C'est alors que les avantages de la méditation entrent en jeu. La méditation est l'approche la plus simple et la plus efficace pour éveiller, vitaliser et activer votre troisième œil.

Il est préférable de commencer par un exercice d'activation lorsque vous ouvrez votre troisième œil. Commencez par remercier votre troisième œil pour vos capacités intuitives inhérentes ainsi que pour votre enracinement grâce aux rythmes circadiens de la glande pinéale. La glande pinéale relie les systèmes endocrinien et neurologique en convertissant les signaux nerveux provenant du système sympathique du système nerveux périphérique en signaux hormonaux. Avec le temps, des dépôts de calcium s'accumulent dans la glande pinéale, la calcifiant et la rendant inutile.

Selon une étude menée par la scientifique britannique Jennifer Luke dans les années 1990, le fluorure calcifie également la glande, la rendant moins efficace pour équilibrer l'ensemble des processus hormonaux dans le corps. Le fluorure est actuellement présent dans un large éventail de produits, notamment dans l'eau potable, les aliments, les boissons gazeuses et même le dentifrice. Le fluor est un élément commun, abondant et naturel, mais il peut également être synthétisé en laboratoire. L'excès de sucre, d'additifs alimentaires et d'édulcorants dans votre alimentation, ainsi que l'utilisation excessive du téléphone portable, contribuent à la calcification.

Avant d'entreprendre un nouveau régime alimentaire, consultez toujours un thérapeute nutritionnel qualifié pour vous assurer que vous faites ce qui est le mieux pour vous et que vous n'épuisez pas votre organisme en nutriments essentiels.

Les aliments que vous consommez peuvent vous aider à ouvrir le chakra du troisième œil. Le cacao cru, les baies de goji, l'ail, le citron, la pastèque, l'anis étoilé, le miel, l'huile de coco, les graines de chanvre, la coriandre, le ginseng et la vitamine D3 ne sont que quelques exemples d'aliments qui contribueraient à renforcer et à désintoxiquer le troisième œil.

Aliments à éviter car ils provoquent la calcification de la glande pinéale :

- L'accumulation de phosphate de calcium dans notre corps peut être causée par une consommation excessive de calcium provenant d'aliments transformés ou par la prise d'un trop grand nombre de suppléments de calcium. Pour éviter d'absorber une quantité excessive de cette substance dans votre alimentation, lisez les ingrédients sur les produits.

- L'eau du robinet : Outre le fluor, l'eau du robinet contient des composés calcifiés qui peuvent être nocifs. Il est donc préférable de boire de l'eau en bouteille ou de l'eau filtrée lorsque cela est possible.

- Pesticides : La glande pinéale peut être empoisonnée par les pesticides chimiques présents dans les viandes et les légumes. Pour limiter le nombre de pesticides dans votre alimentation, choisissez des aliments biologiques.

- De même, surveillez les produits contenant du propylène glycol, de la paraffine, de l'huile minérale, du butylène glycol, de l'alcool isopropylique et du pétrolatum. Si un produit alimentaire contient l'un de ces ingrédients, il est temps de chercher une alternative. Recherchez plutôt des huiles végétales naturelles, qui fournissent de nombreux nutriments tout en ne présentant aucun risque pour votre santé.

- Sucre, caféine, alcool et tabac (S.C.A.T.) Ces drogues épuisent la vitalité du corps et provoquent l'accumulation de polluants. En les supprimant de votre vie pendant au moins deux mois, vous pouvez augmenter l'activité de votre cerveau et de votre glande pinéale.

Les aliments naturels qui contribuent à l'activation du troisième œil sont les suivants :

- Activator X : Il s'agit d'un détoxifiant composé de vitamine K1/K2, qui peut être associé à la vitamine D3 et A. Ce détoxifiant peut contribuer au rétablissement de l'équilibre enzymatique, permettant au calcium de quitter les artères et de pénétrer dans les os, où il peut être utilisé de manière appropriée.

- Le chocolat à l'état naturel : Le cacao cru est riche en antioxydants, qui peuvent contribuer à stimuler et à nettoyer la glande pinéale - enfin une excuse pour consommer du chocolat !

- Gousses d'ail : L'ail est un puissant nettoyant naturel qui peut également aider à éliminer le calcium dans l'organisme. Consommez une demi à deux gousses par jour - les manger fraîches ou les faire tremper dans du jus de citron frais ou du vinaigre de cidre de pomme peut aider à masquer l'odeur.

- Eau distillée : Les toxines susceptibles d'endommager la glande pinéale peuvent être éliminées en buvant beaucoup d'eau sans fluor.

- Acide citrique : À jeun, le citron cru peut contribuer à la désintoxication de la glande pinéale. Il est préférable de le combiner avec de l'eau de source pour éviter de mettre trop d'acide sur vos dents.

- Vinaigre de cidre de pomme : En raison de l'acide malique qu'il contient, l'ajout de vinaigre de cidre de pomme à vos repas est une excellente approche pour détoxifier la glande pinéale.

- Huile de coco vierge : L'huile de coco nourrit l'ensemble du corps humain, mais c'est en termes de revitalisation du cerveau et de désintoxication de la glande pinéale qu'elle peut avoir le plus d'impact. Dans le cerveau, cette huile répare les neurones et favorise la fonction nerveuse.

Lorsque la glande pinéale est en éveil, nous pouvons avoir de vives visions et nous détendre profondément. Les inversions sont particulièrement bénéfiques car elles augmentent le flux sanguin vers la glande pinéale lorsqu'elles sont à l'envers, et elles ont de nombreux autres effets bénéfiques sur la santé, comme l'amélioration de la qualité du sommeil.

La méditation réveille considérablement la glande pinéale, en particulier si vous la pratiquez à l'extérieur le matin, au lever du soleil, ou au crépuscule.

Il faut du dévouement et du travail pour réveiller la glande pinéale et profiter de son plein potentiel. Soyez patient avec vous-même et réalisez que tout ce qui se produit de manière organique prend plus de temps, mais les avantages pour la santé valent bien l'attente ! La méditation aide à éliminer les poisons négatifs du corps, à canaliser les énergies et à améliorer la concentration. La méditation peut également vous aider à devenir plus conscient de vous-même, à activer votre chakra ajna, à faire évoluer votre état de conscience vers des états plus élevés à chaque séance et à éliminer l'anxiété et les soucis.

La méditation du troisième œil, comme toute autre forme de méditation, nécessite que vous restiez dans un environnement paisible. Pour commencer, installez-vous confortablement sur une chaise ou sur le sol. Gardez la colonne vertébrale droite, les épaules détendues et placez vos mains sur vos genoux. La mâchoire, l'estomac et le visage doivent être complètement détendus et ouverts à l'énergie positive.

Commencez par rapprocher doucement votre index et votre majeur et fermez les yeux. Ensuite, respirez profondément. Inspirez par le nez et expirez par la bouche. Essayez de regarder le troisième œil, qui se trouve juste entre les sourcils, avec les yeux fermés. Vous pouvez également utiliser le bout de vos doigts pour repérer l'endroit exact.

Ensuite, prenez quelques respirations profondes et dirigez votre attention sur ce point. Continuez à le faire tout en visualisant une lumière blanche ou blanc bleuté qui vous entoure. Vous entrerez alors dans un état transcendantal de guérison, dans lequel votre attention sera à son maximum.

Maintenez cette position pendant 10 à 20 minutes. Une musique relaxante peut vous aider à canaliser davantage votre concentration. Ensuite, expirez profondément et rapprochez vos paumes devant votre cœur avant de revenir à la posture de départ. Ouvrez les yeux en clignant des paupières et maintenez cette position pendant une ou deux secondes avant de reprendre vos activités habituelles. Ce simple geste peut faire des miracles et réparer vos chakras s'il est effectué tous les jours, soit le matin, soit avant de se coucher.

Respiration alternée des narines

Les *nadis* sont des lignes d'énergie délicates qui peuvent être obstruées pour diverses raisons. Le *Nadi Shodhan pranayama* est une méthode de respiration qui aide à dégager ces voies énergétiques obstruées, apaisant ainsi l'esprit. Le pranayama Anulom Vilom est un autre nom de cette pratique. Le stress, la toxicité du corps physique, les traumatismes physiques et mentaux et un mode de vie malsain peuvent entraîner l'obstruction des *nadis*.

Les trois nadis les plus importants du corps humain sont *Ida*, *Pingala* et *Sushumna*.

Le froid, la dépression, le manque d'énergie mentale, une digestion lente et une narine gauche bouchée sont des symptômes d'un mauvais fonctionnement ou d'une obstruction du *nadi Ida*. La chaleur, l'irritabilité, les démangeaisons, la peau et la gorge sèches, l'augmentation de l'appétit, l'énergie physique ou sexuelle excessive et une narine droite bouchée sont autant de symptômes d'un mauvais fonctionnement ou d'une obstruction du *nadi Pingala*.

Le *pranayama Nadi Shodhan* (respiration alternée) aide à calmer l'esprit et à le préparer à la méditation. Il aide à garder l'esprit calme, joyeux et serein si vous le pratiquez ne serait-ce que quelques minutes par jour. Elle aide à évacuer les tensions et la fatigue.

Étape 1 : Asseyez-vous confortablement, les épaules détendues et la colonne vertébrale bien droite. Gardez un sourire doux sur vos lèvres.

Étape 2 : Placez votre main gauche sur votre genou gauche, les paumes tournées vers le haut ou en Chin Mudra (le pouce et l'index se touchent doucement à l'extrémité).

Étape 3 : Entre les sourcils, placez les extrémités de l'index et du majeur de la main droite, l'annulaire et l'auriculaire sur la narine gauche et le pouce sur la narine droite. La narine gauche sera ouverte ou fermée à l'aide de l'annulaire et de l'auriculaire, tandis que la narine droite sera ouverte ou fermée à l'aide du pouce.

Étape 4 : Expirez lentement par la narine gauche tout en appuyant votre pouce sur la narine droite.

Étape 5 : Inspirez profondément par la narine gauche, puis appuyez doucement sur la narine gauche avec l'annulaire et l'auriculaire. Expirez par la narine droite après avoir retiré le pouce droit de la narine droite.

Étape 6 : Inspirez par la narine droite et expirez par la narine gauche. Une série de Nadi Shodhan pranayama a été effectuée. Continuez à inspirer et à expirer en alternant les narines.

Étape 7 : Effectuez 9 séries en respirant alternativement par les deux narines. N'oubliez pas d'inspirer par la même narine que celle par laquelle vous avez expiré après chaque expiration. Fermez les yeux et continuez à prendre de longues et profondes respirations sans effort ni énergie.

Après avoir effectué le *pranayama Nadi Shodhan*, il est conseillé de faire une courte méditation. Cette technique de respiration peut être utilisée dans le cadre de la routine *Padma Sadhana*.

Outre l'ouverture du troisième œil, le *Nadi Shodhan Pranayama* présente plusieurs avantages majeurs :

- Excellente technique pour calmer et centrer l'esprit.

- Notre esprit a tendance à s'attarder sur le passé, à le regretter ou à le glorifier, et à s'inquiéter de l'avenir. Le pranayama de Nadi Shodhan aide à ramener l'esprit au moment présent.

- Cette technique permet d'améliorer de nombreux problèmes circulatoires et respiratoires.

- Soulage efficacement le stress accumulé dans l'esprit et le corps et favorise la relaxation.

- Aide à équilibrer les hémisphères gauche et droit du cerveau, qui correspondent à nos aspects intellectuels et émotionnels.

- Purifie et équilibre les nadis, ou canaux énergétiques subtils, permettant au prana (force vitale) de circuler librement dans tout le corps.

- Permet de maintenir une température corporelle confortable.

Voir l'invisible

Dès leur plus jeune âge, de nombreuses personnes apprennent à ne pas faire confiance à leur propre instinct. Vos parents ou vos amis vous ont peut-être convaincu que vos sens n'étaient pas valables, ce qui vous a poussé à vous méfier de vous-même. Comme technique de survie, les enfants maltraités se déconnectent de leurs *chakras* inférieurs, ce qui entraîne un surdéveloppement de leurs chakras supérieurs. Un déséquilibre entre les chakras inférieurs et supérieurs peut pousser ces enfants à utiliser l'imagination et la visualisation pour échapper à la réalité.

À long terme, les gens deviendront des rêveurs plutôt que des faiseurs. Pour que l'*Ajna* fonctionne bien, il faut d'abord que les *chakras* inférieurs soient équilibrés et servent de point d'ancrage.

Notre perspective est également influencée par l'*Ajna*. Les perceptions sont quelque chose que nous partageons tous. Notre perception est façonnée par notre éducation, notre environnement et nos croyances. Nous pouvons rencontrer des problèmes si notre perception est prise pour de l'intuition. La réalité n'est pas toujours ce que nous pensons. Pour équilibrer l'*Ajna*, nous devons remettre en question nos perceptions et toujours rechercher la réalité, même si elle est désagréable.

Il faut du temps pour renforcer et équilibrer l'*Ajna*. Pour fonctionner correctement, l'Ajna a besoin d'une méditation quotidienne. Les résultats seront subtils et s'ils ne sont pas observés, ils peuvent facilement passer inaperçus. Pour retrouver l'équilibre de *l'Ajna*, il est essentiel d'apprendre à faire confiance à son intuition et à ce que l'on perçoit en méditation. Comprenez les distinctions entre les idées, les perceptions et l'intuition. L'intuition est un processus naturel qui n'a pas de préférences. L'*Ajna* est un don merveilleux, et le fait d'avoir un *Ajna* parfaitement fonctionnel vous permettra d'atteindre votre potentiel maximum.

Une méditation incroyable pour l'*Ajna* s'intitule "Voir l'invisible". Elle renforce votre intuition en travaillant sur le sixième chakra.

Étape 1 : Asseyez-vous dans une position confortable, le bras droit tendu devant vous, parallèle au sol, le coude tendu mais non bloqué. La paume de la main droite est dirigée vers le haut et légèrement en coupe, comme pour attraper la pluie.

Étape 2 : Avec le coude sur le côté et l'avant-bras tourné vers l'extérieur, la main gauche est en *Surya Mudra* (l'annulaire en contact avec le pouce).

Étape 3 : Fermez les yeux et concentrez-vous sur la pointe du menton.

Étape 4 : Appuyez fermement le bout de votre langue sur le palais, derrière vos dents.

Étape 5 : Répétez mentalement " *Wahe Guru* ".

Étape 6 : Respirez longuement et profondément. Répétez cette opération 11 fois.

Pour finir, créez des griffes de panthère (pliez les doigts dans les creux de la main). Inspirez et tournez vers la gauche, puis expirez et revenez au centre. Ensuite, inspirez et tournez vers la droite, puis expirez et revenez au centre.

Cross Heart Kirtan Kriya

Étape 1 : Asseyez-vous avec la colonne vertébrale droite en *Sukhasana* (position facile). Fermez les yeux un instant, puis ouvrez-les lentement. Concentrez votre attention sur le bout de votre nez. Méditer ici peut aider à calmer un esprit bavard.

Étape 2 : Croisez les avant-bras devant la poitrine. Préparez-vous à utiliser le mantra *Saa-Taa-Naa-Maa* dans votre travail. L'infini est désigné par *Saa*, la vie par *Taa* et la transformation par *Naa*. *Maa* est la déesse de la renaissance.

Étape 3 : Commencez à chanter, *saa - taa - naa - maa,* tout en jouant des doigts de la manière suivante :

Touchez l'extrémité de vos pouces à l'extrémité de vos index *(saa)*.

Touchez les extrémités des pouces aux majeurs *(taa)*.

Touchez l'extrémité de vos pouces à vos annulaires *(naa)*.

Touchez l'extrémité de vos pouces à vos auriculaires *(maa)*.

Étape 4 : Répétez l'opération pendant plusieurs minutes. Pour terminer, respirez profondément, retenez votre souffle, fermez les yeux et restez parfaitement immobile. Laissez-vous aller à la détente. Les hémisphères s'équilibrent et une nouvelle sérénité s'installe.

La pose de l'archer

Akarna Dhanurasana se traduit littéralement par "pose de l'arc vers l'oreille", mais elle est plus connue sous le nom de *"pose de l'archer"* car elle ressemble à une archer sur le point de décocher sa flèche. Il faut du talent et de la patience pour s'observer de cette manière. La dimension spirituelle de la pratique restera toujours insaisissable si l'archer se contente de tirer sur la corde de l'arc et d'atteindre la cible, ou si le yogi se contente d'adopter la forme physique de la position.

L'habileté physique et la technique sont importantes, mais il faut finir par se défaire de l'obsession d'exécuter une série d'actions. Vous pouvez vous débarrasser des efforts superflus et occuper et exprimer pleinement le présent illimité en cultivant la stabilité du corps, la relaxation des yeux et l'abandon total à la respiration. *Akarna Dhanurasana,* comme le tir à l'arc, exige à la fois force et souplesse sur le plan physique. Les exercices de la séquence suivante sont conçus pour vous aider à acquérir de la force dans les bras et le torse ainsi que de la souplesse dans les jambes et les hanches.

Étape 1 : Asseyez-vous sur le tapis, le dos droit, les jambes tendues devant vous et les paumes sur les genoux.

Étape 2 : Pliez votre jambe droite de manière à ce que la plante de votre pied droit touche la cuisse gauche.

Étape 3 : Penchez-vous en avant et saisissez votre main gauche avec votre gros orteil gauche pendant que vous inspirez. L'autre main doit reposer sur le genou droit.

Étape 4 : levez le genou droit pour qu'il pointe vers le ciel et saisissez le gros orteil avec votre main droite pendant que vous avancez.

Étape 5 : Imitez un archer en tirant votre jambe droite vers le haut et en rapprochant votre genou de votre oreille. Comme un archer scrutant sa cible, votre bras droit doit pointer directement vers l'orteil et vos yeux doivent être fixés sur l'orteil.

Étape 6 : tout en ressentant l'étirement des ischio-jambiers, maintenez la pose pendant 15 à 30 secondes.

Étape 7 : Expirez lentement et revenez à la position de départ. Répétez la position, cette fois en étirant la jambe gauche vers l'arrière. Un cycle de la position de l'archer est maintenant terminé. Faites-le deux fois dans le cadre d'un entraînement avec d'autres positions.

Comment savez-vous que votre troisième œil s'ouvre ? Il existe quelques signes révélateurs.

- La pression dans votre tête augmente : Vous commencerez à ressentir une pression croissante entre vos sourcils, ce qui est l'indication la plus courante d'un troisième œil ouvert. Il peut s'agir d'un simple pouls ou d'une forte sensation d'expansion au centre de votre front. Les experts spirituels vous invitent à ne pas vous inquiéter de ce phénomène car il est absolument inoffensif et passera avec le temps. Ils affirment également qu'il peut apparaître de nulle part et qu'une sensation de chaleur sur le front, comme si quelqu'un vous caressait, est assez fréquente. Ne vous inquiétez donc pas si cela se produit.

- Meilleure connaissance des événements futurs : Vous pouvez avoir une plus grande prévoyance des événements futurs. Il peut s'agir d'une légère sensation dans l'estomac qui vous avertit que quelque chose de grave est sur le point de se produire. Ne rejetez pas cette intuition, mais laissez-la vous guider. Cela peut être effrayant au début, mais une fois que vous aurez réalisé que vous avez un contrôle total sur cette capacité, vous trouverez plus simple de la laisser vous guider.

- La sensibilité à la lumière est un terme qui fait référence à la capacité d'une personne. Au fur et à mesure que votre troisième œil se développe, vous remarquerez que vous êtes plus sensible à la lumière. Cela est dû au fait que vous voyez le monde sous un jour entièrement nouveau. Vous serez également en mesure de percevoir des teintes distinctes d'une manière plus vive. Tout ce qui a trait à la vision et à la lumière est amplifié. L'utilisation de lunettes de soleil polarisées peut s'avérer utile.

- Changements progressifs : Vous récolterez les fruits de votre nouvelle vision du monde parce que vous êtes plus en phase avec votre moi spirituel. Vous remarquerez que vous êtes plus détendu, plus indulgent et plus aimant. Ces modifications peuvent avoir un impact sur votre régime alimentaire, puisque vous éviterez les aliments transformés afin de préserver la santé de votre troisième œil. Vous ne serez peut-être pas en mesure de déterminer la raison de ces changements positifs, mais croyez que votre intuition et vos capacités spirituelles vous poussent à faire des choix de vie plus sains. Surveillez ces changements car ils sont le signe que le pouvoir de votre troisième œil est en train d'augmenter.

- La manifestation des pouvoirs est un terme utilisé pour décrire l'expression de vos capacités psychiques intérieures, votre capacité à sentir et à percevoir les choses avant qu'elles ne se produisent. Les capacités psychiques se manifestant chez les personnes ayant un troisième œil actif ne sont pas rares, contrairement à ce que l'on croit généralement. Deux des exemples les plus connus sont la télépathie et la clairvoyance. Vous ne devez pas vous inquiéter, même si cela ne vous est pas familier. Acceptez et nourrissez vos capacités.

- Voir des choses qui ne sont pas immédiatement évidentes : Bien qu'il soit difficile d'en savoir et d'en voir plus que les autres, votre troisième œil peut vous aider à reconnaître les demi-vérités et les déclarations tape-à-l'œil. Un restaurant qui propose un buffet à volonté peut plaire au commun des mortels, mais pour vous, cela s'apparentera à un encouragement à consommer plus de nourriture que nécessaire. Cette lucidité vous permettra de faire les meilleurs choix possibles.

- Une meilleure connaissance de soi : Ce troisième symptôme est l'un de ceux que de nombreuses personnes négligent. Votre sens de l'intériorité s'améliorera si votre troisième œil est ouvert. En conséquence, au lieu de vous considérer comme un simple humain avec des intérêts, des amours et des aversions, vous vous considérerez comme une partie du tissu de l'univers. Cette meilleure perception de soi vous permettra de compter davantage sur vous-même que sur les autres, ce qui vous permettra de vivre la vie prospère que vous avez toujours désirée.

Si vous ne savez pas comment gérer les indicateurs d'un troisième œil actif, la méditation et les activités apaisantes qui vous permettent de vous connecter à votre moi spirituel seront votre meilleur atout. Quelle que soit la voie que vous choisissez, n'oubliez pas que toutes ces expressions sont des cadeaux qu'il faut embrasser plutôt que de les cacher.

CONCLUSION

Dans la mythologie indienne, *Shiva* est l'un des trois dieux responsables de la création, de l'entretien et de la destruction du monde. Le gourou spirituel *Sadhguru* décrit la signification du troisième œil de *Shiva* et la façon dont il s'ouvre pour apporter clarté et vision. Il raconte également comment *Shiva* a utilisé son troisième œil pour brûler *Kama*. En Inde, un dieu nommé *Kamadeva* est le dieu de l'amour et de la luxure. *Kama* est le mot sanskrit qui signifie luxure. Selon la légende, *Kama* se cacha derrière un arbre et tira une flèche dans le cœur de *Shiva*. *Shiva* devint agité. Il ouvrit alors son troisième œil enflammé et réduisit *Kama* en cendres. C'est la version de l'histoire que la plupart des gens connaissent.

Mais réfléchissez : Votre désir vient-il de l'intérieur ou de derrière un arbre ? Bien sûr, elle vient de l'intérieur. En matière de luxure, il ne s'agit pas seulement du sexe opposé. Qu'il s'agisse de sexualité, de pouvoir ou de position, chaque désir est une convoitise. La convoitise se définit comme un sentiment d'inadéquation, un désir ardent pour quelque chose qui vous donne l'impression que *"si je ne l'ai pas, je ne suis pas complet"*.

Le récit de *Shiva* et *Kama* prend alors une dimension yogique. *Shiva* poursuivait le yoga, ce qui signifie qu'il s'efforçait non seulement d'être complet, mais aussi d'être infini. *Shiva* vit s'approcher *Kama*, sa propre convoitise, et la brûla en ouvrant son troisième œil. Des cendres s'écoulèrent lentement de son corps, indiquant que tout ce qui se trouvait à l'intérieur était finalement mort. En ouvrant son troisième œil, il a pu faire l'expérience d'une dimension à l'intérieur de lui-même qui est au-delà du physique, et toutes ses compulsions corporelles ont disparu.

Le troisième œil est un œil qui peut voir des choses qui ne sont pas physiques. Parce qu'il arrête et reflète la lumière, vous pouvez le voir si vous regardez votre main. Comme l'air ne bloque pas la lumière, vous ne pouvez pas le voir. Cependant, s'il y avait une petite quantité de fumée dans l'air, vous seriez capable de la voir parce que seul ce qui empêche la lumière peut être vu. Rien de ce qui permet à la lumière de passer ne peut être vu. La nature des deux yeux sensoriels est la suivante.

Le physique peut être appréhendé par les yeux sensoriels. La seule façon de percevoir quelque chose qui n'est pas de nature physique est d'aller à l'intérieur de soi. Lorsque nous parlons du "troisième œil", nous faisons référence à la capacité de voir quelque chose que les deux yeux sensoriels ne peuvent pas voir.

Les yeux sensoriels sont dirigés vers l'extérieur. Votre intériorité - la nature de vous-même et de votre existence - est vue à travers le troisième œil. Il ne s'agit pas d'un nouvel appendice ou d'une fissure dans votre front. Le troisième œil est la dimension de la perception à travers laquelle on peut percevoir quelque chose qui est au-delà du physique.

Au fur et à mesure que vous progresserez dans l'ouverture de votre troisième œil, vous obtiendrez de plus grandes récompenses. Pour commencer, vous développerez une intuition très fine et la capacité de puiser dans votre sagesse intérieure.

La méditation et l'ouverture du troisième œil permettent non seulement d'atteindre des niveaux de conscience plus élevés, une meilleure connaissance de soi et une maîtrise émotionnelle plus profonde, mais aussi d'accéder à une compétence innée que nous partageons tous : l'intuition. La méditation du troisième œil est pratiquée depuis des générations dans les groupes culturels traditionnels du monde entier, qui considèrent l'intuition comme le sens le plus important de l'homme.

Dès le début de votre pratique de la méditation, vous remarquerez à quel point vous disposez déjà d'une intelligence intérieure. Et lorsque vous commencerez à remarquer cette sagesse intérieure, vous aurez toute la motivation nécessaire pour continuer à ouvrir et à activer votre troisième œil à son plein potentiel.

Votre troisième œil sera capable de vous dire exactement ce dont vous avez besoin pour améliorer votre santé, attirer des relations plus saines, et matérialiser le succès professionnel et financier. Votre intuition du troisième œil comprend exactement pourquoi vous avez choisi cette existence en ce moment. Combien votre vie serait-elle meilleure si vous pouviez faire appel à votre sagesse intérieure infinie chaque fois que vous le souhaitez ?

Votre troisième œil vous permettra également de vous aligner sur la loi de l'attraction et de manifester la vie que vous souhaitez. Selon cette loi, nous attirons ce en quoi nous croyons le plus. Après tout, ce qui se ressemble s'assemble, et c'est particulièrement vrai lorsqu'il s'agit de notre esprit. Le pouvoir essentiel du troisième œil réside dans sa capacité à modifier la nature de nos idées à la source. Quel est le résultat final ? L'inquiétude, l'anxiété et les pensées négatives diminuent. Et une fois ce bagage mental éliminé, ce qui le remplace sera du plus grand ordre, totalement en phase avec la loi omniprésente de l'attraction.

Votre état mental, émotionnel et physique s'améliorera au fur et à mesure que votre troisième œil s'ouvrira, vous permettant d'attirer dans votre vie des âmes d'un niveau supérieur, ce qui se traduira par de nouvelles et meilleures interactions à tous les niveaux. Vous commencerez à créer de la prospérité aussi naturellement que la respiration, car votre troisième œil activé par la méditation illumine la route vers une conscience plus élevée. Il en résultera une vie plus consciente, plus significative et plus délibérée.

Enfin, en ouvrant notre troisième œil, nous apprenons que l'amour, la paix et la joie ne peuvent être trouvés en dehors de nous-mêmes. Bien que nous soyons à la recherche de sources extérieures pour nous procurer plus de joie, de paix et d'amour, notre intuition nous éloigne de ces sources éphémères. Elle nous oriente vers le réservoir illimité d'amour, de plaisir et de paix qui existe en nous à tout moment. Elle nous éloigne également du désir incessant d'en avoir plus et de la misère que nous éprouvons lorsque nous n'en avons pas assez. Enfin, il nous pousse doucement vers notre propre source inépuisable d'amour, de sérénité et de joie.

www.ingramcontent.com/pod-product-compliance
Lightning Source LLC
Chambersburg PA
CBHW050249010526
44107CB00003B/245